つながる 外ごはん

noyama

はじめに

ごはんは誰もが幸せになれる共通言語だと思います。
人それぞれ好き嫌いはあっても、
おいしいものを食べたときって
体に力がみなぎって、でも、心はほっとゆるんで、
シンプルに幸せだなぁと思える。
緑に囲まれたきもちいい場所で、
のんびり、大好きな人たちと一緒に食べるなら、なおさらです。
ハンモックでごろごろしたり。
芝生の上で寝ころんだり。
なんにもしないキャンプだったり。
ただ歩くことを楽しむ山登りだったり。
きもちのいい光、風、音、空気の中ですごしたくて、
私たち3人は、森や山や野原や海に
せっせせっせと出かけています。
太陽の下で食べるごはん。
もうこの状況だけで、何を食べてもおいしいのですが、
私たちは野菜をよく食べています。
みずみずしく新鮮な葉野菜。根菜やきのこ。
ぎゅっとうまみが凝縮された乾物。
自然の力がつまった野菜を食べると、

翌朝、ふしぎと体が軽く感じられる。
そして、なんだか心まで軽くなってくるような気がします。
簡単にできる山おむすびから
大勢で作ると盛り上がるキャンプごはんまで、
私たちが「おいしい！」「幸せ！」と
いつも大声を上げながら食べているレシピを
この本にまとめました。
太陽の下でおいしいごはんを作って食べる。
しみわたるなぁ。
生きてるなぁ。
そんなふうに、みんなで感じた外ごはんの幸せは、
そのときおいしいだけじゃありません。
ずいぶんたってから、ふとした機会に
あのときの風景や、あの味を思い出す。
それだけで、少し元気が出てきたりする。
いつものごはんもおいしいけれど、
みんなで楽しんだ外ごはんの風景と味は
自分の中にどんどん積もって
心は明るく、体はすっきりの
「元気のもと」になるのです。

CONTENTS

Y.　山戸ユカ

1976年生まれ、東京都出身。「noyama」の料理係。本職は玄米菜食を得意とする料理家で、料理教室「cha.na」を主宰。アウトドア好きの父に、キャンプのノウハウを、母には、焚き火を仕込まれる。その反動か、しばらくアウトドアとは離れるも、アウトドアメーカー勤務の夫と出会ってから再び外遊び漬けの日々を送り、いつのまにか“アウトドア料理家”に。性格は「ちゃきちゃき」。

N.　野川かさね

1977年生まれ、神奈川県出身。「noyama」の山のぼり＆写真係。“自分にしか撮れない写真があるはず”と20kgを超えるザックとカメラをかついだハードな登山がライフワーク。大学院卒業後、アーティスト・イン・レジデンスでチェコに滞在。ホンマタカシ氏のアシスタントを経て独立。写真集に『山と鹿』（ユトレヒト）。性格は「ひょうひょう」。

T.　高橋紡

1975年生まれ、三重県出身。「noyama」の記録係。インテリアやベビー雑誌の編集部を経て、フリー編集者に。幼少時代、山岳部出身の幼なじみの両親にスパルタ登山、山スキーに連れていかれ、トラウマに。とはいえ、最近は自然のなかですごすのが好きで“永遠のアウトドア初心者”ながら、マイペースで登山、キャンプを楽しむ。性格は「のらりくらり」。

清水麻由子／1975年生まれ、茨城県出身。「chip the paint」名で活動する木工作家。「noyama」のイベントではスタイリングを担当。

脇屋佐起子／1977年、東京都出身。色白美人でアート好き。アウトドアとは無縁な外見ながら、大嵐のキャンプデビュー以来、野外好きに。

木村礼子／1976年、千葉県出身。エキゾチックな外見とは裏腹に、性格は、おっとりやさしい大和撫子。旅好き、キャンプ好き。

阿部隆平／1984年、宮城県出身。吉祥寺のバー「スクリュードライバー」勤務。野外フェスでの出張バーで「noyama」がスカウト。

御願いします

どうしてそんなに外ごはん？

子供のころ、旅行に行くというのは外で寝ることでした。

いちばん古い記憶にあるのは南伊豆の鶯巣《うぐす》海岸での海キャンプ。父と母は、おじいちゃんからもらったボロボロの白いスカイラインのうしろにパジャマ姿の私と姉をそっと寝かせ、夜中のうちに出発しました。朝、目が覚めると、遠くのほうから海の匂いがして、見たこともないところを車で走っている。びっくりしている私たちに、父と母は「キャンプに行くよ～」とニヤリと笑うのです。

若いころから山に魅せられてきた山好きの父にとって、外遊びはお手のもの。パパッとテントを設営し、焚き火をおこします。そのころのテントは、厚地の帆布でできた三角屋根のとてもシンプルで、そしてとても重いものでした。

目の前の海で釣った魚を母がさばいて

いるのを見ながら、私たちは何を思っていたのでしょう……。あのとき母が作ってくれたかわはぎの煮つけの小骨が多くて、食べにくかったこと。そして、自分たちが釣った魚をすぐに料理して食べることが、とても素敵に思えたこと。きっと実際よりも「おいしい記憶」として、私の中に鮮明に焼きついているのです。

そんな私が、ここ数年、よく外遊びをするようになりました。今度は父や母とではなく、夫や気の合う友達と。キャンプや山登りだけではありません。夕焼けのきれいな日に、友達を誘って近くの公園までビール片手に出かけたり、寒い寒い日に、庭で炭をおこしてバーベキューパーティを開いたり。外でごはんを食べることは、日常の中で季節感を感じることができる、ちょっと特別な楽しみです。

20代から30代になり、自然がますます心地いいと感じます。それは歳をとったためだけではなく、外ごはんのおいしい記憶が、私の中にしっかりとインプットされているからなのかもしれません。**Y.**

雑貨感覚でかわいく愛せる「外ごはんの道具」

私たちは基本的に、家で使っているものを
外にも持ち出しています。
左の寸胴鍋《ずんどうなべ》は、アメリカのアンティーク。
大量の汁ものや、
カレー用として活躍しています。
煮込み料理なら、
家でも外でも圧倒的に頼れる
「ル・クルーゼ」（右）が便利
（白16インチとオレンジ24インチを愛用）。
そして、「平和アルミ」のパスタパン。
〝パスタだけでなく、
揚げもの、炒めもの何でもござれパン〟
と名づけたい逸品。**Y.**

昔から人々の暮らしの中で
荒物として使われていたかご。
いちばん活躍するのは、
底が四角い、がっしりしたタイプのもの。
左は、らくだ色のレザーハンドルに
ひと目で惚れて購入したモロッコ製。
23cmと、かなりの深さがあります。
右は、ちょっとモダンな竹かご。
（ふたつとも岐阜駅前の雑貨店
「pand」で見つけました）。
モロッコかごには、食器を無造作に
ぽいぽい放り込んでおく。
竹かごには、マグカップ、フィルター、
コーヒーの粉をセットしておいて、
いつでもお湯を沸かして飲めるように。
また、あるときは調味料やお酒、
粉類を、きちんと整理整頓厳守！
で並べておく。
かごは、食器棚であり、
コーヒースタンドであり、
食材ストック庫なのです。 T.

木のカトラリー

アウトドアのテーブルまわりは、プラスチック製の味気ないものになりがち。スプーンやフォーク、サーバーは、木のものでそろえて、ハイジ気分を盛り上げます。雑貨店や民芸店で100～1000円前後で買いました。T.

竹のお弁当箱

出張先の民芸店や「秋田の手しごと市」のような百貨店のイベントで集めたお弁当箱。ビジュアル重視ですが、食べものの水分がほどよく飛んでお弁当をおいしく保存してくれます。実は、購入したのはピクニックデートをすることになったからなんですが(笑)。N.

ホウロウの密閉容器

「野田琺瑯×マーガレット・ハウエル」のコラボ容器。4サイズあるうち、いちばん小さい12cmの容器に大量に漬けたピクルスやサラダを入れて、そのままテーブルに出します。きれいな黄色だから気分があがる！ T.

冷めないマグカップ

アメリカのテーブルウエアメーカー、「ダイネックス」のカップは、ウレタンをサンドした二層構造になっていて、保温・保冷性が高い。クラシカルなデザインもかわいい。630円と安いので愛用者多し。Y.

ホウロウの皿

ホウロウは、割れにくいうえ数百円と安い。アジアの食堂にあるような、チープな感じのものが好きです。便利なのは深皿。汁ものに使えるし、みんなでシェアする薬味や、キムチのようなおつまみを入れています。T.

密閉容器

食材は下準備をすませて持っていくので、サイズ、量ともに密閉容器はいっぱい持っています。重宝するのは、スタッキングできる、かさばらないもの。ふたの色がきれいだと、さらによし。Y.

山のごはんセット

登山のひとり用ごはんセット。軽さと機能性重視です。小さいのに2500kcalもの火力をもつ「スノーピーク」のワンバーナー。鍋、食器となるコッヘルと伸縮できるお箸は「モンベル」。ナイフは「オピネル」「ヴィクトリノックス」のものが使いやすいです。N.

コッヘルセット

今はもうない日本のメーカー「トップ」のもので、アウトドア好きの父の形見。アルコールバーナー用の風防、鍋、皿、やかんが入れ子でセットになっています。やかんでこぽこぽお湯を沸かすのが楽しい私の宝物です。Y.

トートバッグ

大阪にある日用雑貨のブランド「ステッチアンドソー」のトートバッグ。なんと河川の土嚢袋用の工業防水シートで作られています。街はもちろんフェスでも、濡れたもの、重いものをどんどん入れて使います。6825円。T.

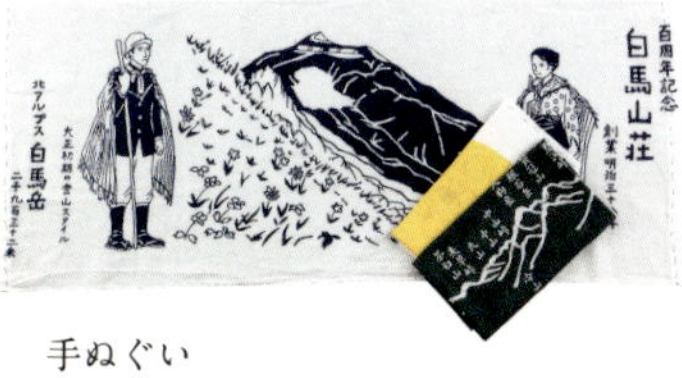

手ぬぐい

八ヶ岳や北アルプスなど、行く先々の山で記念に買うのが山小屋オリジナルの手ぬぐい(500 ~ 1000円ほど)。ニッカボッカをはいた男性の絵など、柄に個性があっておもしろい。おにぎりを包んで竹のお弁当箱に入れて持っていくと、余計な水分が飛んでおにぎりが数倍おいしくなります。N.

水筒いろいろ

街でも山でも家でも水筒を愛用。「無印良品」の魔法瓶タイプ(写真上の右ふたつ)にはお湯を入れておいて、即席スープを作ります。においが移りにくい「ナルゲン」(写真下の右ふたつ)には紅茶やお酒を。Y. N.

折りたたみイス

「アディロンダック」の丈夫なハードナイロン製のイス。547g(ペットボトル約1本分)と軽いので、野外フェスやハイキングのとき、リュックに入れていきます。渋い赤×金の色を組み合わせたデザインがいいんですよね。T.

「シアトルスポーツ」のソフトクーラー

高い溶着技術で有名な防水バッグのブランド「シアトルスポーツ」のソフトクーラー。1万円くらいと少し高いけれど、カヌーの川下り旅などで激流に耐えるように設計された防水バッグの名門だけあって、丈夫で防水性・保冷性の高さはぴかいち。Y.

外ごはんの〝さしすせそ〟

山戸家で使っているいつもの調味料を、そのままトートバッグに放り込んで持っていきます。選ぶポイントは、昔ながらの製法で作られたもの。そして添加物（アミノ酸、香料、着色料など）が入っていないもの。有機ＪＡＳマークがついていると安心です。でも、毎日のことなので普通のスーパーに売っている、というところも大事かな。

Y.

酒

料理酒は塩が入っていることがあるので、お酒の味わいを出すために普通のパック酒（純米酒）を使っています。いちばんの利点は晩酌もできること。

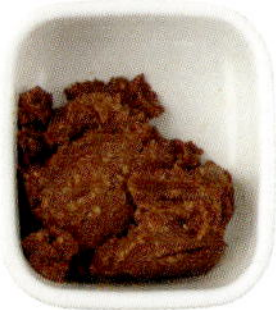

味噌

数年前から自分で味噌を作りはじめました。手作り味噌以外では、国産大豆の無添加のものを。地方によって味噌の味が違うので、旅先でも買います。

塩

最近のお気に入りは石垣の塩。旅行に行った際に購入したものですが、旨味が強くてさらっとしていて料理をランクアップしてくれる魔法の塩。

しょうゆ

毎日使うから、あまり高いものだと長続きしません。国産丸大豆を使った有機JASマークのついたものを選ぶようにしています。

酢

酸味がまろやかで旨味のある千鳥酢が最近のお気に入り。１本600円くらいと少し高いけれど、酸味のきつい酢が苦手な夫もこれなら大丈夫！

にんにく、しょうが、赤唐辛子

にんにくとしょうがの消費量がすごいわが家。どちらも国産を買います。赤唐辛子は、カットされているものではなく束を、道の駅や野菜直売所で。

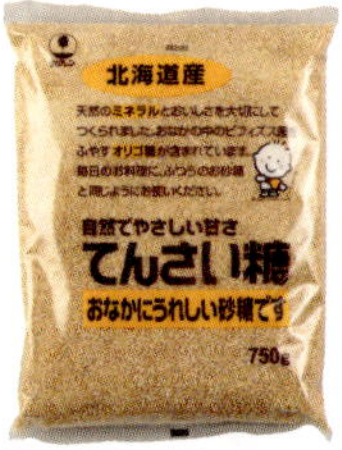

砂糖

北海道の砂糖大根からできる甜菜《てんさい》糖《とう》。ビタミン、ミネラルが豊富で、沖縄のサトウキビから作られる砂糖よりも体を冷やす働きがゆるやか。

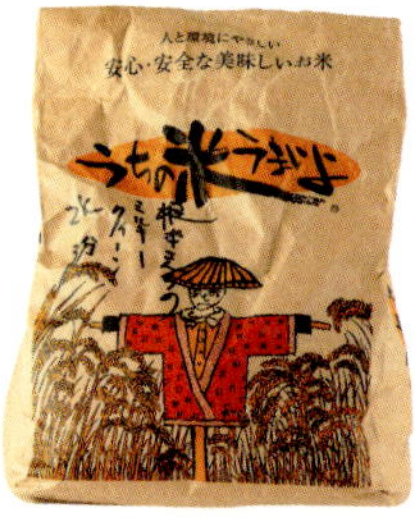

米

有機無農薬のミルキークイーン。家で食べているのは玄米ですが、外では炊くのに時間がかかるので三分～五分づき米を持っていきます。

油

サラダ油はコーン油かキャノーラ油を、ごま油は愛知のマルホン、オリーブオイルはイタリア産のエクストラバージンオイルを使っています。

トマト缶

スピガドーロ オーガニックトマトは、トマトだけでなく、漬かっているトマトジュースもオーガニック。しかも、味が濃くておいしい！

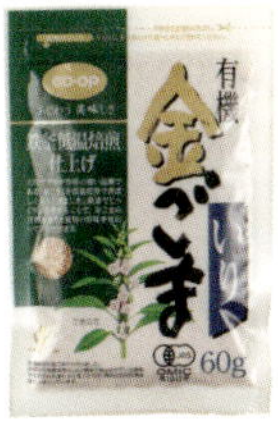

ごま

コク、旨味出しに欠かせないごま。練りごまは、バターの代わりとして、カレーやシチューのコク出しによく使います。国産で有機栽培のものを。

乾物

昆布、干ししいたけ、切り干し大根、ドライトマト、ポルチーニは、だしが出るので外ごはんのマストアイテム。ひじき、麸もよく使います。天日干しされたものを乾物屋さんで。

ナンプラー

タイの魚醤。魚介から作られていて独特のくせがあります。しょうゆよりもコクが欲しいときに。日本の魚醤、しょっつるや、いしるでも。

豆乳

牛乳を使わないので、ホワイトソースやお菓子を作りたいときは有機大豆の無調整の豆乳を。めいらくが多いです。

豆

外ごはんにおすすめなのは、くせのない味が何にでも合うひよこ豆や、ほくほくした金時豆。下ゆでの必要がないレンズ豆も料理しやすいです。

スパイス

GABAN、マスコットフーズ、S&Bのオーガニックシリーズを使用。クミン、コリアンダー、ガラムマサラ、黒こしょうがよく使う調味料の四天王。

外ごはんをさくさく進めるために
家でやっておきたいこと

肉、魚の下ごしらえ

外ごはんの準備には、意外に時間がかかる。さっと焼くだけの肉や魚があると(→ P.61)イライラしません(笑)。下味をつけておき、夏は冷凍して持っていけば、すぐに食べられます。

包装はできるだけはずしておく

下準備は外ごはんの鉄則。のんびり料理を楽しみたくても、現地でゼロから準備を始めていたのでは、けっこう疲れます。食品の包装をはずしておくだけでも手間とゴミが省けます。

“タネ”を作っておく

炭酸で割るだけの飲みもののタネ(→ P.62)。お湯を注ぐだけでスープになるタネ(→ P.105)、いろんな“タネ”を瓶などに詰めて用意しておくと、外での調理時間が短くなります。

野菜の下ごしらえ

野菜は洗って、皮があるものはむいておきましょう。火を通すのに時間がかかるような根菜類があれば、下ゆでします。作る料理に合わせてカットし、密閉容器に入れておくと便利です。

段取りよく下準備するためには、使いやすい台所が不可欠。山戸家の台所は、壁2面をほとんど天井までフルに収納に利用していて、まるでコックピット。写真は、奄美大島へ行ったのに、名物の鶏飯を食べられなかった！　となげく“歩く胃袋”高橋のために、「しかたないなー」と、鶏飯を仕込み中(作り方は→P.99)。

外ごはんの台所

外ごはん会場に着いたら、できるだけ居心地がよくて、水道に近い場所に、台所を作ります(眺めがよくて木陰だと最高です)。使いやすい台所のベストポジションは写真のとおり。

スムーズでエコロジカルな片付けが大切。ボウルや鍋、食器などは、まず、端切れや紙で汚れをぬぐってから、バケツにためておきます。料理に使ったお湯を地面に流すのは御法度！ お湯はバケツにためてシンクにすると、食器の汚れが浮いて、あとから水道で洗うときに、らくちんです。

d 調味料

調味料はあれこれたくさん持っていきません。献立を前もって考えて用意していくので、必要なものだけを、家で使っている状態そのままで持っていきます。ボトルを入れ替えたりもしません。とはいっても、塩、こしょう、油、砂糖、しょうゆは多めにあったほうがいいレギュラーメンバーなので、何本か出場していることも。大さじ、小さじと一緒にトレイに並べておきます。

e 作業台

テーブルは、3つ持っていきます。作業台用に「コールマン」、食事用にはアウトドアの名品「バイヤー」のハイテーブルとローテーブル。(P.20-P.21で使用)作業テーブルまわりは“いつもきれいに！”が鉄則。ゴミ袋は「燃える袋」「燃えない袋」をわけてテーブルの脚にくくりつけておく。洗剤、スポンジ、食器をふく端切れ、雑巾など片付けセットは、ケースに入れて足下に置いておきます。

f 食器棚・食料庫

「L.L.ビーン」のトートバッグに、鍋、フライパン、ざる、ボウル、おたま、フライ返しを入れて、食器棚代わりにしています。もうひとつのトートには、取り皿、お箸を入れて、ごはんテーブル付近に。このトート、山戸さんの旦那さんが中学生のころから20年近く使っているしろもの。ものすごく丈夫で、どんな重いものを入れてもびくともしません。かごは野菜や乾物などの食材入れに。

a 水道

ポリタンクを「アディロンダック」のイス(→P.13)にのせて、蛇口下にはバケツをセット。これで、上水道工事は完了。ポリタンクは、大型スーパーのキャンプ用品売り場で2000円ほどで売っています。バケツは、アウトドアショップ「オッシュマンズ」や雑貨店で1000円前後で売っている“王様バケツ”。タンクをのせるちょうどいいイスがないときは、木箱でも、プラスチック製の買い物かごでも。

b ガスコンロ

“ツーバーナー”なるものを使います。ホワイトガソリンやガスボンベを燃料にしたアウトドア専用のコンロで、私たちは「コールマン」のガスとガソリンの両タイプを愛用中。ガソリンはポンピング(燃料室の気圧を高める作業)が大変なので、初心者はガスタイプがよいかも。でも、ポンピングを難なくこなして火を操る姿はかっこいい。ガソリンタイプは、デザインもレトロです。

c 冷蔵庫

夏場の外ごはんには欠かせないクーラーボックス。商品によって保冷力が違うので、できれば高くてもいいものを。ソフトケース(折りたためてコンパクトになる)と、ハードケース(かさばるけど、車に積むときに上にさらにものを置けるから、これはこれで便利)があります。ここでは、アメリカの「シアトルスポーツ」(→P.13)のものを使用。赤いほうにはビール、黄色には食材を。

CHAPTER :1

近くの原っぱで「野菜カレーの会」を開こう！

7年間、吉祥寺のカレー屋で店長をしていた私は、'06年夏、カレー大好きな夫とともに仕事を辞めて、7カ月の世界放浪旅に出かけました。目的は、旅から帰ってお店を開くこと。そのためにいろんな国に行って、いろんなものを食べ、いろんな景色

を見てみたかったのです。タイ、ラオス、カンボジア、中国、チベットをまわる旅のなかで、食いしん坊の私がもっとも楽しみにしていた国がインド。滞在した2カ月の間、ごはんはもちろん毎食カレーでした。

ある朝、毎日通っていたデリーのラッシースタンドで、ひとりのインド人に声をかけられました。彼の名はラビ。デリーのオートリクシャー（バイクの後ろに座席がある庶民のタクシー）運転手で、最初は適当にあしらっていたのですが、言葉づかいがていねいで、人の好さがオーラとなって出ているような不思議な雰囲気があり、気がつけばデリー郊外のラビの家に遊びに行くことになっていました。

ラビの家は、奥さんとふたりの子供、そして奥さんの弟の5人家族。コンクリート2階建ての2階部分と屋上が彼の家で、間取りは1LDK＋屋上（暑い時期にはみんなそろって屋上

で眠ります）。インドの典型的な中流階級の家という感じの家で一泊させてもらいました。そのときに、美人だけど気の強い姉さん女房といった感じの奥さんが作ってくれた、クリーミーで濃厚なチキンカレーが、とてもとてもおいしかったのです。それで、「ぜひ作っているところを見せてほしい！」とお願いしたのですが、「あなたたちはお客様だから台所には入れられないわ……」と断られてしまいました。

　でも、あきらめきれずに台所の外から様子を見ていると、狭いけれど機能的な棚がいくつもあるかわいらしい台所で、彼女はたくさんの銀の器に入ったスパイスを、量ることなく適当にカレーに加えていきます。その様子は、日本のお母さんが煮ものを作っているときに砂糖、酒、しょうゆなどの調味料を目分量で入れている姿みたいで、なんだか懐かしい光景に思えてきたのです。

カレーはすでに日本の食文化のひとつです。微妙なさじ加減が、それぞれの家庭の味、おふくろの味となり、なんだかほっとする懐かしい味を生み、誰もがじんわり幸せになる魔法の料理です。

私たちが外でカレーを作るのは、そんな風なほっこりあたたかくなる気持ちを、みんなで共有することができたら素敵だよね、と思うから。

私たちのカレーは、インド風のカレーです。スパイスから作るカレーは、毎回同じ味にはなりません。一緒に作る人や食べる人の気持ちまで混じり合ったかのように、毎回少しずつ違う味になっていきます。玉ねぎを炒めるのはけっこう大変なのですが、おいしさにつながると思うと、ちっとも苦にはならない。みんなでわいわい「あれ入れる？　これ入れたらどう？」なんて相談しながら作るカレーは、本当の意味で〝人と人をつなげる料理〟だと思います。**Y.**

noyama流
カレーペーストの作り方

「カレーの会」開催が決まったら、数日前にカレーペーストを仕込みます。井《い》の頭《かしら》の山戸家に集まり、玉ねぎを涙しながら刻むのです。

「ちゃっちゃっと中火でいいんだよ」

そう言いながら山戸さんは、クミン、玉ねぎ、にんにく、しょうが、スパイスを鍋に放り込んでいきます。

ペースト作りの掟は、心の余裕がある日に作ること。大量の玉ねぎが飴色になるには、けっこうな時間が必要なのです。鍋をたまにのぞきつつ、スパイスの芳香でいっぱいになった部屋でチャイを飲み飲み、カレーの具は何が好きか話をしながら待つこと1時間。

さて、できあがったペースト。まだ、冷蔵庫で寝かす工程が待っています。おいしいカレーへの道のりは、険しくはないけれど長く、待ち遠しいものなのです。

用意するもの（4～5人分 3カップ）

↓

玉ねぎ…5～6個（粗みじん切り）

油…½カップ

クミンシード…小さじ1

にんにく…2かけ（すりおろし）

しょうが…にんにくと同量（すりおろし）

りんご…½個（すりおろし）

A　ターメリック、
　コリアンダーパウダー…小さじ1
　ガラムマサラ（カレー粉）…大さじ4
　（ターメリック、コリアンダーが
　なければガラムマサラを大さじ5）

B　トマトケチャップ…½カップ
　ソース…¼カップ
　しょうゆ…大さじ1
　無糖ピーナッツバター
　（または練りごま）…大さじ2
　塩…小さじ1

作り方

①
フライパンにクミンシードと油を入れて中火にかけます。クミンシードは焦げやすいので、油があたたまる前に入れておきます。

②
香りがたってきたら、玉ねぎを加え中火で炒めます。ややきつね色になってきたら、フライパンを揺すりながら飴色になるまで20分ほど炒めます。

③

にんにくとしょうがとりんごを入れて、焦がさないように火を弱め、さらに炒めます。焦げつくようだったらさらに火を弱め、きれいな飴色になるまで15分ほど炒めます。

④

③にＡとＢを加えよく混ぜ、小さな泡がふつふつと出てきたら火を止めます。粗熱が取れたら冷蔵庫に入れ、ひと晩以上寝かせてできあがり。ペーストを寝かせることがおいしいカレーを作るための大事な工程です。冷蔵庫で1カ月は保存できます。

東京西部・小金井《こがねい》公園ユーカリ広場。ここは、大きな森と芝生があって、予約なしでバーベキュー広場で火が使えるありがたい場所。5月某日、集まった「カレーの会」の会員です。noyamaをはじめとして、清水麻由子さん（木工作家）、木村礼子さん（エネルギー関連会社勤務）、脇屋佐起子さん（商社勤務）、仲原達彦さん（映像科大学生）、松岡陽介さん（アーティスト）、阿部隆平さん（バーテンダー）と、今のところ9人。随時会員募集中！

寝る子はおいしく育つ
睡眠時間って大事です

「カレーの会」を明日に控えた夜。冷蔵庫で寝かせていたカレーペーストを取り出します。鍋にペーストと水を入れてぐつぐつ。明日のメンバーの好き嫌いを思い出しながら、初夏らしく、なすとパプリカを投入。とろりとしたら、鍋ごと冷まします。

いよいよ当日。車の後部座席に鍋をのせ、公園に到着するなり一糸乱れぬチームワークで、コンロに火をつけ、ごはんを炊き、サラダを準備。カレーをあたためなおすと、ほわーっとたち上る香り！　胸いっぱいに吸い込んだら、おなかがぐぅぅー。

カレーはゆっくりと楽しみながら作ったほうが絶対おいしい。冷蔵庫で眠っているときも、車で運ばれていくときも、どんどんおいしくなっていく。眠るほどにおいしくなるって素敵だなぁ、カレーってやつは。おおらかな気持ちで、時間と手間をいっぱいかけて作りましょう。

noyama流カレーペースト

いわばカレーのルーですが、玉ねぎとスパイスだけと、たいへんシンプル。小麦粉を使っていないので、いっぱい食べても胃もたれしません。

野菜たっぷりカレー

カレーペーストから、"基本となるカレー"を作ります。じつはこのとろとろ玉ねぎだけの基本カレーもめちゃくちゃおいしいんですが、そこに素揚げ夏野菜をトッピング。野菜の旨味をとことん味わってください。

材料（2～3人分）
↓

＜基本のカレーの材料＞
カレーペースト…1½カップ
洋のスープ（→P.101 なければコンソメ1個を溶かした水）…700mℓ
ガラムマサラ…小さじ1

＜トッピング＞
揚げ油…適量
かぼちゃ…⅛個（5mmの薄切り）
にんじん…¼本（5mmの薄切り）
ねぎ…½本（3cmに切る）
なす…1本（斜めにスライス）
スナックえんどう…8本（すじを取る）
パプリカ…½個（縦に8等分）
ミニトマト…4個

ごはん…適量

作り方

1
まず基本のカレーを作ります。鍋にカレーペーストとスープを入れて火にかけます。沸騰したら、アクを取りながら弱火で15～20分くらい煮ます（辛くしたい場合は、ここで鷹の爪を入れます）。仕上げに香りづけとしてガラムマサラを入れます。すぐ食べないで、常温に冷ましてから再度あたためたほうがおいしくなります。

2
180℃に熱した油にかぼちゃ、にんじんのかたい野菜から入れ、揚げます。しばらくしたらミニトマト以外の野菜も加え、パリッとするまで揚げましょう。最後にミニトマトをささっと5秒ほど揚げます。

3
お皿にごはんと①のカレーをよそい、②の揚げ野菜をトッピングします。

ごぼうカリカリカレー

基本のカレーの秋野菜のせバージョンです。しめじをさらに炒めることでいいだしが出て、味に深みが出ます。夏のカレーに対して、しみじみ食べたい、いぶし銀なカレー。カリカリのごぼうをこれでもか、といわんばかりにどっさりとのせてください。

材料（2人分）
↓
炊いたごはん…適量
基本のカレー…適量
油…大さじ1
しめじ…1パック（小房にわける）
れんこん…1節（スライス）
ごぼう…2本（ささがき）
揚げ油…適量

作り方

❶
鍋に油を熱し、しめじとれんこんを炒めます。れんこんに火が通ったら基本のカレーを加えてあたためます。

❷
別の鍋に揚げ油を熱し、ささがきごぼうをカリカリになるまで素揚げにします。

❸
お皿にごはんとカレーをよそい、上から②のカリカリごぼうをどっさりのせればできあがりです。

私たちは、カレーを玄米と一緒に食べることが多いです。とくにごぼうなど根菜が入ったカレーには、玄米が合うと思います。鍋でのおいしく炊く方法はP.44で。

タンドールチキンから揚げ

カレーと一緒にぜひ作ってほしいのが、スパイシーなヨーグルトでマリネしたタンドールチキン。カレーに合う、ビールに合う、外ごはんの最強の友！ 鶏肉を漬け込んで旨味が溶け出したマリネ液は、バターココナッツカレーの隠し味になります(→P.39)。

材料 (4～5人分)

↓

鶏もも肉…500g

塩、こしょう…少々

小麦粉…1カップ

片栗粉…⅓カップ

揚げ油…適量

＜マリネ液＞

ヨーグルト…1パック (450g)

にんにく、しょうが…各2かけ (すりおろし)

パプリカパウダー…¼ ～ ½カップ

ガラムマサラ (またはカレー粉)…大さじ2

(他のスパイスがない場合は大さじ3)

クミンパウダー、コリアンダーパウダー

…各小さじ1 (なければ省略)

ターメリックパウダー (あれば)…小さじ½

しょうゆ…大さじ2

作り方

❶

鶏もも肉は食べやすい大きさに切り、軽く塩、こしょうをふります。

❷

マリネ液の材料を全部混ぜ合わせ、①の鶏もも肉を漬け込みます。冷蔵庫でひと晩以上寝かせて味をなじませます。

❸

マリネ液を軽くこそげるようにして鶏もも肉だけを取り出し、ボウルに入れます(残ったマリネ液はカレーに使います)。

❹

小麦粉と片栗粉を混ぜ合わせます。鶏もも肉に粉をまぶし、160℃くらいの低温で、じっくり火が通るまでからりと揚げます。

バターココナッツカレーを煮込んでいる間、ビールのアテに。焼いてもいいけれど、から揚げにするともっと香ばしさが出ます。

濃厚なカレーにはインドやパキスタンのパン、チャパティーが合います。パンといっても発酵させないから、すぐに焼けます。

バターココナッツカレー

材料を使いきることは、外ごはんの基本。タンドールチキンで残ったマリネ液を使って、カレーを作ります。にんにくとスパイスが効いたマリネ液にココナッツミルクをプラス。無駄とはずれのないレシピです。

材料（4人分）

↓

タンドールチキンのマリネ液…1カップ
ココナッツミルク…2缶（800mℓ）
バター…50g
ガラムマサラ、パプリカパウダー
…各大さじ2
塩、こしょう…少々
しめじ、エリンギ
…各1パック（適当な大きさに切る）
パクチー…適量

作り方

❶

ココナッツミルクを½缶だけ鍋に入れて火にかけます。少し煮詰まって油分が分離してきたら、タンドリーチキンのマリネ液とガラムマサラ、パプリカパウダーを加えてよく混ぜます。

❷

ぶくぶくと泡だってきたら、残りのココナッツミルクを加えます。

❸

沸騰したら、しめじとエリンギも加え、弱火で煮込みます。

❹

しめじとエリンギに火が通ったら、バターを加え、塩、こしょうで味をととのえ、パクチーを散らします。

チャパティー

材料（4人分）
薄力粉、全粒粉…200g　塩…小さじ½
油…大さじ1　水…150mℓ

作り方

❶ 薄力粉と全粒粉をボウルに入れ、塩を加えてよく混ぜます。

❷ 水を少しずつ加え、さらによくこねます。

❸ 弾力が出てきたら油を少しずつ加え、なめらかになるまで両手でさらにこねます。

❹ ぬれ布巾かラップをかけ、30分ほど寝かせます。

❺ ピンポン玉くらいの大きさに切りわけ、15cmくらいの大きさにのばします。

❻ 熱したフライパン（油はひかずに！）で両面1分くらいずつ焼きます。

CHAPTER :2

ある日の「山ごはん讃歌」。

○月○日○曜日　天気　快晴
午後3時前　今日のテント場に到着
テントを立てて
マットを敷いて寝袋出して
天気いいのでぼんやりとしながら
さっそく持ってきたウィスキーを
ちびりちびり
おつまみは
歩くときに食べてるミックスナッツ
カシューナッツ、アーモンド、
くるみ、マカデミア
見えるものは山、山、山、空、空、空
地面に座ると土ひんやりと冷たい
そんなふうにしながら1時間くらい
ゆっくりとごはんの支度をはじめる

水をコッヘルに注ぐ
コポコポコポコポコポコポ
この音が好き
バーナーに火をつけて湯をわかす
スパゲッティを二つにパキッと折る
沸いたら、スパゲッティを入れ
ときどきかき混ぜて　ときどきかたさをみて
4分くらいでできあがり
スパゲッティがこぼれないように
箸でおさえながら　ゆっくりゆっくり
粉末スープにゆで汁を注ぐ
湯切りしたスパゲッティに
カルボナーラソースをからめて
スープを2、3回かき混ぜて
そろそろ日も暮れてきました
ゆっくり味わって食べましょう
明日もたくさん歩くのです
今日のごはん　明日のちから
明日も元気に歩けますように
たくさんの美しいものに出合えますように
そんなこと思いながら
もぐもぐもぐ
モグモグモグ　N.

山おむすび

材料（2～3人分）
玄米…2合
水…3合半（630㎖）
塩…ひとつまみ
おかか、梅干しなど好みの具、のり…適量

作り方

❶ 玄米を炊きます。厚手の鍋に、洗った玄米、水、塩を入れ、2時間以上おきます。

❷ 中火にかけ湯気が上がったらごく弱火で45～50分。火を止め、10分蒸らします。

❸ 蒸らし終わったら、おかかや梅干しを入れておむすびに。のりはぱりっといただきたいので、別に持っていって、食べる直前に巻くべしです！

山おむすびと
自家製インスタント
お味噌汁

登山のお弁当は、おむすびとお味噌汁。ものすごく質素です。荷物が重くなるし、疲れた体にはシンプルなものがおいしいから。

でも、シンプルだからこそ、きちんと作ります。おむすびは、冷めてもおいしいように、鍋でごはんを炊いて握ります。お味噌汁は、お湯で溶かせばいいように、即席味噌汁のもとを作ります。

くたくたのとき、ひと口食べるとむくっ、もうひと口食べるとむくむくっ。手に取るように体が息を吹き返すのがわかるほど、ごはんは元気の源。とはいえ、標高が高いと消化が遅くなるので、腹八分目に。下山してからその土地の名物をしっかり食べるために、控えめにしている、ということもあるんですけどね。

鉄火味噌汁

材料（作りやすい分量）↓
しめじ…1パック（小房にわける）
まいたけ…1パック（小房にわける）
ごぼう…½本（ささがき）
にんじん…½本（せん切り）
酒…大さじ2
味噌…1カップ

麸…1～2個
お湯…1カップ

中奥／「ドライポルチーニ＋とろろ昆布＋ゆずこしょう＋味噌」。手前／「ドライトマト＋乾燥わかめ＋味噌」。だしが出る乾物と味噌を組み合わせると深みのある味に。

作り方

❶ 山に行く前日に“鉄火味噌”を作ります。しめじ、まいたけ、ごぼう、にんじんを鍋に入れ、酒をふって、ふたをして弱火でごぼうがやわらかくなるまで蒸し煮にします。さらに味噌を加え、ふたを取って水分がなくなるまで木べらを使って焦がさないようによく練ります。冷めたらラップにひとりぶんずつ包みます。

❷ 景色のよいところに着いたら、カップに①と麸、お湯を注いでできあがり。

森で食べたいサンドイッチ

私・高橋と山戸さんはご近所なので、気が向いたときに、緊急集合して中間地点である井の頭公園でピクニックをします。

たいていは、ベンチでビールを飲む、という、恐ろしく乙女度の低いピクニック。でも、この日は天気がいいので、本を外に持ち出して、ちょっと少女っぽく青空読書会を計画しました。お弁当を芝生に広げて「赤毛のアン」的ピクニックです。

山戸さんが、バルサミコ酢の甘酸っぱいソースで煮からめたチキンサンドと、魔法瓶に詰めたあったかい紅茶を持ってきてくれました。

のどかな午後、サンドイッチを食べながら、片手でページをめくる。読書と外ごはん。ときどき、おしゃべり。なんだかぜいたくな時間です。

森サンドイッチ

材料↓

6枚切りの食パン…4枚（軽くトーストする）
ベビーリーフ…適量
パプリカ…¼個（適当な大きさにスライス）
なす…1本（縦にスライス）
ズッキーニ…½本（縦にスライス）
オリーブオイル…少々
粒マスタード（あれば）…適量
鶏もも肉…1枚（半分に切っておく）
塩、こしょう…少々
にんにく…1かけ（すりおろし）

A
バルサミコ酢…¼カップ
甜菜糖…大さじ1
しょうゆ…大さじ1
酒…大さじ1

作り方

❶ 鶏もも肉に軽く塩、こしょうをふり、にんにくを塗りつけて30分ほど冷蔵庫で寝かせます。Aの材料はよく混ぜておきます。

❷ パプリカとなす、ズッキーニの表面にオリーブオイルを塗り、魚焼きグリルで焦げ目がつくまで弱火で焼きます。

❸ フライパンに①の鶏もも肉を皮目を下にして並べて焼きます。ジュージューと音がしてきたらふたをして弱火で10分。その後、もう片面も焼きます。火が通ったら、Aをまわしかけ、煮からめます。

❹ パンに粒マスタードを塗り、ベビーリーフ、ひと口大に切った鶏もも肉、②の野菜をはさみます。

サイドメニューは、ガラムマサラで風味付けしたフライドポテト。ハーブミックスとオリーブオイル、酢、塩、こしょうでマリネしたたこと長ねぎのサラダ。そしてクリームチーズとゴーヤーのディップ。

CHAPTER ;3

大好きな仲間たちを誘って
レッツ「くいだおれキャンプ」!

くいだおれキャンプを
年がら年中しています。
春の道志《どうし》の森(山梨県)。
川できゅうりとクレソンを冷やして
味噌をつけて、
ビールと一緒にいただきます。
夏の石垣島のビーチ。
釣った魚を刺身にしていただきます。
秋の五光《ごこう》牧場キャンプ場(長野県)。
松ぼっくりと枯れ葉を
焚き火で燃やしつつ、
鮭のホイル焼きをいただきます。
冬の富士山西湖《さいこ》のほとりのキャンプ場。
ダッチオーブンに手をかざし、
暖をとりとり、グラタンをいただきます。
暑さ、寒さ、風、太陽、星の動き。
キャンプに出かけると、
季節季節の自然がより近く感じられて、
自分の中の自然性が
よみがえってくるような気がします。
それぞれが居心地のいい場所を探し、
テントをはり、タープをはる。
テーブルを並べて、キッチンを作る。

ひと晩かぎりの家ができたら、
待ってましたとばかりに
クーラーボックスにいっせいに
手をのばします。
いやいや、今日から一日
この場所でよろしくお願いしますよ。
ぷしっ！　缶ビールがあきます。
この音！　このひと口！
気持ちいい！　おいしい！　楽しい！
人間だって、自然のひとかけら。
ときどきは緑に包まれて
新鮮な空気をいっぱい吸い込まないと、
だめになっちゃうのかもしれませんね。
自然の中でいい時間をすごして、
すっきりいつもの街に帰ってくる。
キャンプは、〝地球浴〟。
元気になれるスイッチなんです。T.

木炭
FOLDING LP
2-BURNER
STOVE

荷物はこんどくれ〜い
へいっ！

さあー
家、建てるぞーい

ちょっと
近すぎじゃない？
うぐ……

鯛とさつまいもの蒸し煮

フライパンひとつ、20分でできるごちそう。きのことにんにく、ハーブと白ワインで鯛をじんわり蒸し焼きに。鯛の旨味がとけたスープがまたおいしい!!

材料（2～3人分）

↓

鯛（切り身）…3切れ
さつまいも…½本（1cmのスライス）
しめじ…1パック（小房にわける）
マッシュルーム…1パック（スライス）
にんにく…1かけ（スライス）
玉ねぎ…½個（スライス）
白ワイン…1カップ
塩、こしょう…少々
ハーブミックス…大さじ1
しょうゆ…大さじ1
オリーブオイル…大さじ2
オリーブ…お好みで
ケッパー（あれば）…大さじ1

作り方

❶

鯛の切り身に塩、こしょう、ハーブミックスをふり、軽くもみ込みます。

❷

フライパンにオリーブオイルとにんにくを入れて火にかけ、香りがたってきたら玉ねぎを加えて炒めます。

❸

玉ねぎがすきとおってきたら、①の鯛とさつまいもを重ねるようにして並べ、間にきのこ類をのせます。オリーブとケッパーをのせて、白ワインをまわしかけます。

❹

ふたをして、蒸気が上がったら弱火に。さつまいもに火が通るまで約10分間蒸し煮にします。最後にしょうゆを加えます。

ニース風玄米サラダ

玄米にオリーブ、アンチョビ、いんげんなど、フランスのニース地方で取れる材料を混ぜ込んだサラダ。これだけでしっかり、ごはんになります。ケッパーの酸味と白ワインがよく合うので、お酒のアテとしても。

材料（2～3人分）

↓

炊いた玄米…1合分

ゆで卵…2個（適当な大きさに切る）

赤パプリカ…½個（細切り）

黄パプリカ…½個（細切り）

いんげん…5～6本

アンチョビ…1缶（みじん切り）

ケッパー…大さじ1

オリーブオイル…大さじ2

塩、こしょう…少々

作り方

❶

いんげんはかためにゆで、食べやすい大きさに切ります。ボウルにアンチョビ、ケッパー、オリーブオイルを入れてよく混ぜます。

❷

①のボウルに玄米以外の材料を加えてよくからませ、最後に玄米も加えてさっと混ぜ合わせればできあがりです。

笑って歌ってピザ焼こう

ピザをダッチオーブンで焼いてみたい！　というピザ大好きな高橋の希望で、今日のメニューは炭焼きピザ。ナポリの小さなピッツェリアをイメージして配役を決めます。

炭職人は野川さん。ピザ職人は山戸さん。私は使い終わったダッチオーブンをきれいに洗う釜職人です。チーズをのせない野菜だけのピザなので、けっこう何枚でも食べられます。どんどん追加で焼くので、作って食べてと忙しい。だけど、忙しくてもそこは明るいナポリ人、という設定だから、みんな笑って歌いながら、ひたすらピザを焼くのです。

野菜だけのマクロビピザ

右／「ほうれん草とミニトマトのソース」 左／「トマトときのこのソース」。ピザ生地は薄くのばして焼くと、かりかりクリスピーな食感になります。

材料（4人分）
↓
＜ピザ生地＞
小麦粉…500g
ドライイースト…大さじ1
甜菜糖…大さじ2
塩…小さじ1
水…約1½カップ

＜トマトときのこのソース＞
玉ねぎ…½個（みじん切り）
にんにく…1かけ（みじん切り）
カットトマト…1缶
オリーブオイル…大さじ2
塩、こしょう…適量
しめじ…½パック（小房にわける）
エリンギ…½パック（薄切り）

＜ほうれん草とミニトマトのソース＞
ほうれん草…½束
にんにく…1かけ
練りゴマ…大さじ1
塩、こしょう…適量
オリーブオイル…大さじ2
ミニトマト…5個（半分に切る）

作り方

❶
ピザ生地を作ります。ボウルに小麦粉、塩、甜菜糖、ドライイーストを入れてよく混ぜ、水を少しずつ加えながら、べたつかなくなるまでよくこねます。（写真a）

❷
なめらかになったら、ラップかぬれ布巾をかけて、生地が倍に膨らむまで1時間ほど寝かせます。写真bくらいまで膨らんだらOK。

❸
発酵させている間にトマトときのこのソースを作ります。鍋にオリーブオイルとにんにくを入れて火にかけ、香りがたったら玉ねぎを加えてしんなりするまで炒めます。

❹
③にカットトマトを加え、ふたをして、焦げないようにときどきかき混ぜながら弱火で10～15分間煮詰めます。トマトの甘みが出てきたら、きのこ類を加えてさっと煮て、塩、こしょうで味をつけます。

❺
ほうれん草のソースを作ります。ほうれん草はやわらかめにゆで、にんにくと一緒に包丁でたたいてペースト状にします。練りゴマ、オリーブオイルを加えてよく混ぜ、塩、こしょうで味をととのえます。

❻
②の生地が2倍に膨らんだら、ガス抜きをし、適当な大きさに切りわけ、薄くのばします。（写真c）

❼
のばした生地に④か⑤のソースをのせて（写真d）、⑤の上にミニトマトを飾ります。予熱したダッチオーブンにクッキングシートを敷いて生地をのせ（写真e）、下は弱火、上は強火で10分ほど焼きます。（写真f）

a

b

c

d

e

f

火の前で待つたのしみ

一泊のキャンプなど、のんびりできるときに、時間をかけて楽しみたいのがダッチオーブン料理。炭がおき火になったら、ダッチオーブンを火にかけます。あとは、じわじわと火が通るのを待つだけ。

この、大きなドリア。女友達8人が集まったクリスマス前のキャンプで食べました。ぱちぱちと炭がはぜる音を聞きながら、できあがりを待つ。ワインはすでに2本空いていて、「ドリアができたらもう1本開けようか」なんて算段が、ほろ酔いながらにできていて。ダッチオーブンを囲炉裏のように囲み、今年だめだめだったことをそれぞれカミングアウト。お互いの不幸を笑い飛ばし、一年のうさが少し晴れた夜でした。

ダッチオーブンで作る
大きなドリア

材料（4～5人分）
↓
米…3合（洗わない）
水…3合（540mℓ）
にんにく…1かけ（みじん切り）
玉ねぎ…1個（みじん切り）
シーフードミックス（冷凍）…200g
オリーブオイル…大さじ2
塩、こしょう…少々
ターメリックパウダー…少々
基本のカレー（P.32）…4カップ
マッシュルーム…1パック（スライス）
ミックスチーズ…適量

炭の内部が赤くなり、全体に火がまわった状態が“おき火”。炭の量で弱火、強火を調整。

作り方

❶
ダッチオーブンにオリーブオイルとにんにくを入れて火にかけ、香りがたってきたら玉ねぎを加え、しんなりするまで炒めます。シーフードミックスを加え、さっと混ぜ合わせ、塩、こしょう、ターメリックも加えます。

❷
米を加え、パチパチと音がするまで炒めたら、水を加えます。

❸
沸騰したら弱火にし、ふたをして10分ほど炊きます。

❹
別の鍋に基本のカレーを入れ、マッシュルームを加えて軽く火を通します。

❺
炊き上がった③に④のカレーをのせ、さらにチーズをのせてふたをします。ふたの上におき火になった炭をのせて、チーズに焦げ目をつけます。

石焼きナシゴレン

スキレット(ふたつきの鉄製フライパン)は簡単に蒸し焼きができて、ナシゴレンに欠かせない“ふんわり半熟卵”もお手のもの。そのままテーブルに出してもかわいいから、外ごはんのマストアイテムです。

材料 (2人分)

↓

炊いたごはん…1合分
鶏もも肉…100g (小さめに切る)
赤パプリカ…¼個 (細切り)
玉ねぎ…½個 (みじん切り)
にんにく…1かけ (みじん切り)
油…大さじ1
卵…2個
パクチー…適量

A
　スイートチリ…大さじ1
　ナンプラー…大さじ1
　豆板醤…大さじ1
　塩、こしょう……少々

作り方

❶
フライパンに油とにんにくを入れ、火にかけます。香りがたってきたら、鶏もも肉と玉ねぎを加え、弱めの中火で炒めます。

❷
鶏もも肉に火が通ったら、ごはんを加えてさっと炒めます。

❸
Aと赤パプリカを加えて、さらに炒めます。

❹
スキレットをよく熱し、薄く油(分量外)をひいて③を入れます。

❺
真ん中に卵を割り入れ、ふたをして蒸し焼きに。卵に火が通ったらできあがりです。パクチーを添えていただきます!

ジャークチキン

ときにはお肉もないと盛り上がりません。

にんにく、香味野菜、ナンプラーで鶏肉を漬け込んだジャークチキンは、みんなが大好きなキング・オブ・バーベキュー料理。

白身魚でもおいしいジャークフィッシュに。

材料（2人分）

↓

鶏もも肉…300g
塩、こしょう…少々
じゃがいも…1個（1cmのスライス）
ミニトマト…3～4個
クレソン…適量

＜マリネ液＞
セロリ…½本（みじん切り）
パセリ…1本（みじん切り）
（香りの強い野菜であれば何でもよい。パクチー、イタリアンパセリなど）
にんにく、しょうが…各1かけ（すりおろし）
ラム酒、ナンプラー、甜菜糖…各大さじ1
好みのスパイス（クミン・コリアンダー・ミックススパイスなど）…小さじ½
塩、こしょう…少々

作り方

❶
鶏もも肉に軽く塩、こしょうをふり、15分ぐらいおきます。マリネ液をよく混ぜ合わせておきます。

❷
①の鶏もも肉をマリネ液に漬け、冷蔵庫でひと晩以上寝かせます。

❸
スキレットに②の鶏肉を皮を下にして入れ、横にじゃがいもを置いて強火にかけます。

❹
パチパチと音がしてきたら、ふたをしてごく弱火で15分間じっくり蒸し焼きにします。

❺
鶏もも肉をひっくり返し、中火にしてじゃがいもに肉汁をからめます。ミニトマトとクレソンを加え、火を止めます。

夏キャンプの飲みもの

私たちが外ごはんをするとき、必ずテーブルの脇に用意するものがあります。グラス、マドラー、スプーン、そして〝飲みもののタネ〟。各自が好きな味で好きな量を飲めるようにした、いわばドリンクバーです。

ここには、メンバー自慢の〝タネ〟が並びます。3年ものの自家製梅酒を持ってくる人。旬の果物のサワーシロップを持ってくる人。花見の季節に、桜の蜂蜜漬けを持ってくる人。いちご酒なんて、メルヘンなのか男前なのかわからない人。〝タネ〟には、作った人それぞれの季節感が表れていて、なかなかどうして楽しいのです。

冬キャンプの飲みもの

夏キャンプの飲みもの

しゅわっと炭酸のタネ3種類

夏は、果物を漬け込んだシロップが定番。瓶に詰めて並べておいて、ソーダ水や白ワインで割っていただきます。

いちごのシロップ a

材料↓
いちご…1パック
甜菜糖…3カップ
水…½カップ
レモン…½個（スライス）

作り方
❶ いちごは洗ってヘタを取り、甜菜糖、水と一緒に鍋に入れ、中火にかけます。
❷ 沸騰したら弱火にし、アクを取りながら煮詰めます。いちごが白っぽくなってきたらレモンを加え、火を止めます。粗熱が取れたら容器に入れて冷蔵庫で保存します。

レモンジンジャーシロップ b

材料↓
しょうが…1パック（スライス）
甜菜糖…250 g
レモン汁…1個分
水…1カップ
レモングラス（乾燥）…大さじ1
クローブ粒（あれば）…1個

作り方
❶ 鍋にしょうがと水を入れ、火にかけます。沸騰したらレモングラス、クローブ粒を加え、弱火にして10分ほど煮込みます。
❷ 甜菜糖を加え、完全に溶けたら、アクを取りながらさらに5分ほど煮ます。
❸ レモン汁を加えて火を止め、粗熱が取れてから瓶に詰め、冷蔵庫で保存します。

チェリーミントシロップ c

材料↓
アメリカンチェリー（さくらんぼでもよい）
…100 g
ミント…2本
甜菜糖…2カップ
水…1カップ

作り方
❶ アメリカンチェリーはよく洗って水気をふき取っておきます。
❷ 鍋に甜菜糖と水を入れて火にかけ、甜菜糖が完全に溶けるまでよく混ぜ、火を止めます。
❸ アメリカンチェリーとミントを瓶に入れ、粗熱の取れた②を注ぎ、冷蔵庫で保存します。2～3日後からおいしく飲めます。

冬キャンプの飲みもの

あったかドリンク3種類

冬は、ちょっと甘めのあたたかいもの。魔法瓶に詰めて、マグカップとあたためなおす用の小鍋とセットにしておきます。

スパイシーココア a

材料↓（2人分）
ココアパウダー…大さじ2
甜菜糖…大さじ2
牛乳（または豆乳）…400mℓ
オールスパイス粒…4個（軽くつぶす）
ブラックペッパー…適量
マシュマロ…適量

作り方
❶ 鍋にココアパウダーと甜菜糖を入れ、少量の牛乳（豆乳）を加えて粉っぽさがなくなるまでよく練ります。
❷ ①にオールスパイスとブラックペッパーを加え、さらに残りの牛乳も加えてよく混ぜます。
❸ ②を火にかけ、沸騰直前で火を止めます。カップに注ぎ、上にマシュマロをのせてできあがり。

ラムチャイ b

材料↓（2人分）
アッサム（できればオーガニックのもの）
…大さじ1
水…100mℓ
甜菜糖…大さじ1
しょうが…少々（すりおろす）
カルダモン粒…2個
クローブ粒（お好みで）…2個
牛乳（または豆乳）…400mℓ
ラム酒…小さじ½
シナモンスティック…1本

作り方
❶ 鍋に牛乳とラム酒以外の材料を入れて火にかけ、沸騰させ茶葉をよく煮出します。
❷ ①に牛乳（豆乳）を加え、沸騰直前で火を止めて、最後にラム酒を加えます。

ホットサングリア c

材料↓
赤ワイン…1本
パイナップル…1個
（皮をむいて適当な大きさに切る）
黄桃の缶詰…1缶
りんご…1個（くし形切りにする）

作り方
❶ 大きめの瓶に材料を全部入れてひと晩以上漬けます（2日目がもっともおいしい）。
❷ ①の汁だけを鍋に入れて火にかけ、80℃くらいにあたためていただきます。けっして沸騰させてはいけません。

炭火で焼くと、ふつうの食パンが
ふかふかのトーストに！

食べすぎた翌朝は、朝ごはんを作る元気もないことが多いので、たいていトーストです。だけど、このトースト、家で食べるのとはぜんぜん違うんです。それは、炭で焼くから！

いらない水分が飛んで、外はぱりぱり、中はふわふわ。このふかふかトーストが食べたくて、あえて厚切り食パンを買っていきます。

これに、きのこの炒めもの、クリームチーズをのせてオープンサンドに。口の中がさっぱりするピクルスも、ぽりぽりぽり。

胃袋が元気になってきて、また今日も食べすぎてしまうのです。

ピクルス

材料↓
かぶ…3個（皮をむいてくし形切り）
パプリカ…1個（縦に1cmの細切り）
しめじ…½パック（小房にわける）

＜ピクルス液＞
　酢…1カップ
　甜菜糖…½カップ
　しょうゆ…大さじ1
　塩…大さじ1
　ローズマリー…適量

作り方
❶　しめじは熱湯で20秒ほどゆで、水気を切ります。
❷　ピクルス液の材料を鍋に入れて火にかけ、甜菜糖が完全に溶けてひと煮たちしたら火を止め、粗熱を取ります。
❸　かぶ、パプリカ、①のしめじを瓶に入れ、上から②の液を注ぎます。ひと晩以上漬けると、おいしいピクルスに！

きのこ炒めのせトースト

材料↓
お好みのきのこ（しめじ・エリンギ・
　マッシュルームなど）…2パック分
にんにく…1かけ（スライス）
オリーブオイル…大さじ1
塩、こしょう…少々
甜菜糖…少々
しょうゆ…大さじ1

作り方
❶　フライパンにオリーブオイルとにんにくを入れて火にかけ、香りがたってきたらきのこを加え、しんなりするまで炒めます。
❷　①に塩、こしょう、甜菜糖、しょうゆを加え、さっと炒めます。
❸　炭火で焼いたトーストの上にのせて、いただきます！ クリームチーズ、炒めたいんげんもよく合いますよ。

CHAPTER :4

「天ぷら」は、外ごはんフェスの大トリです！

小さな泡をぷつぷつと出しながら。
じゅわじゅわじゅわー、
威勢のいい音をあげながら。
衣がきつね色に変わっていきます。
オーディエンス(ならぬ友達)が
鍋のまわりをぐるりと囲んで、
われ先にと箸をふりあげながら、
揚がるのを今か今かと待っています。
「できたよー」のひとことに、わき上がる歓声。
たとえるなら、天ぷらは、
外ごはんの野外フェス。
揚がっていくライブ感がとにかく楽しぃ。

キャンプで天ぷらをふるまうと、
メニューの大トリにふさわしく
異様に盛り上がります。
野菜をいっぱい食べたい。
でも、しっかりおなかにたまるごはんがいい。
そんな贅沢な要望もかなえてくれます。
油がちりちりぴちぴちとはねても、
まわりが粉だらけになってしまっても、
外だったら、キャーキャー言いながら
ちょっと離れて見ていればいい。
そう、アウトドアだからこそ、天ぷらなのです！

小麦粉と片栗粉は3対1。これ、衣の黄金律。
季節の野菜を、ただ揚げて、塩で食べる。
シンプルだけど、これが野菜のいちばんおいしい
食べ方なんじゃないかと思います。T.

いろいろ野菜の天丼

山に生えている山菜、道の駅で見つけた珍しい野菜、冷蔵庫の中でさびしそうに余っている野菜。どんな野菜でも、気持ちいい風景の中で天ぷらにすると、とびきりおいしい。天ぷらは器の大きな料理なのです。

材料（4人分）
↓
炊いたごはん…2合分
なす…1本
（縦に4等分して切れ目を入れておく）
ししとう…4本（フォークで穴をあけておく）
さつまいも…½本（スライス）
しいたけ…4個（石づきを取る）
れんこん…½節（スライス）
にんじん…½本（スライス）
たけのこ…¼本（5㎜にスライス）
しめじ…½パック（小房にわけておく）
小麦粉…1カップ
片栗粉…⅓カップ
水…適量

＜たれ＞
和のスープ（P.100）…1カップ
甜菜糖…大さじ2
酒…大さじ1
しょうゆ…¼カップ

作り方

❶
小鍋にたれの材料を入れて火にかけます。ひと煮たちしたら、火を止めて冷まします。

❷
揚げ衣は、小麦粉3に対して片栗粉1の割合になるように混ぜ合わせます。その粉を野菜に全体的にまぶします。これは揚げたときに衣をはがれにくくするための下処理。（写真a）

❸
②の粉に水を入れて、さらさらの衣を作ります。その衣をもう一度野菜にからめ、180℃に熱した油で揚げます。（写真b）

❹
①のたれに揚がった天ぷらをくぐらせ、どんぶりによそったごはんの上にのせます。

a

b

カレーと同様、丼ものには玄米が合います。十分づきは炊くのに時間がかかるし、消化するのに胃に負担がかかるので、三分〜五分づきが外ごはん向きです。

串揚げピクニックの七つ道具

中華ソース

みじん切りの長ねぎ…大さじ2
豆板醤·甜菜糖…各大さじ1
ごま油…大さじ4
しょうゆ…大さじ2
白ゴマ·黒ゴマ…適量

1. ソースたち。

豆乳マヨソース

豆乳…大さじ4、
酢·油·マスタード…各大さじ1
甜菜糖…小さじ1
塩こしょう…少々

味噌ソース

味噌…大さじ2
ソース…大さじ4
こしょう…少々

2. 揚げもの用の小鍋と油もお忘れなく。使用済みの油を持って帰るために「固めるテンプル」があると便利です。

3. シングルバーナー。カセットコンロでもいいけれど、このコンパクトさにかなうものはないです。

やさぐれ気分なときの夏の串揚げピクニック

働いていると、人間関係にやられてしまうことがあります。もやもやして、やる気が起きない…と、くすぶっていたある日、「出かけるぞ！」と串揚げセットとビールを担いで、山戸さん、野川さんが現れました。「そのもやもやを、こんがりかりっと、揚げ尽くすぞ！」

ざわついた心を落ち着かせるために、わざわざ海へ行くことに。酔いにまかせてくだをまき、揚がっていくゴーヤーと、暮れていく夕日を交互に眺めながら、まあ、そんなときもあるさと〝おやじ乙女〟なピクニック。すかっとしたいときに、ぜひ。

ゴーヤーの肉詰め風串揚げ

材料
↓
ゴーヤー…½本（スプーンで種をくりぬく）
木綿豆腐…¼丁（水切りする）
パン粉…¼カップ
片栗粉…小さじ1
塩、こしょう…少々

＜持っていくもの＞
粉（小麦粉に対して片栗粉が3：1）…適量
パン粉…適量
揚げ油…適量

❶
ピクニック前に“ゴーヤーの肉詰め風”を準備します。ゴーヤーは熱湯で1分ほど下ゆでし、ざるに上げて冷ましておきます。
❷
ボウルに豆腐を入れてつぶし、パン粉と片栗粉、塩、こしょうを加えてよくこね、①のゴーヤーに詰めます。
❸
ゴーヤーを1cmの輪切りにします。他の具材もパン粉をつける作業まで家で準備。ピクニック場所で串を打ち、油で揚げます。

ピクニック串揚げの上手な揚げ方／具材に粉をまぶし、軽くはたいておきます。残った粉に水を少しずつ加え（やわらかいヨーグルトくらいのかたさ）よく混ぜます。具を液にくぐらせ、さらにパン粉をつけて180℃の油でからりと揚げます。

4. 具材はお好みのものを。

5. 竹串、箸。
6. 取り皿。

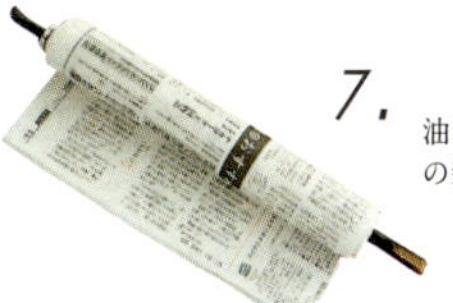

7. 油を切るための新聞紙。

とうもろこしとゴーヤーのかき揚げ

夏が来たなーと、わくわくできる料理。生とうもろこしが手に入ったら、つぶつぶを包丁でそいで揚げるだけでもおいしいです。

材料（4人分）
↓

コーン缶…1缶
ゴーヤー…1本
（縦に割り、種を出して1cmのスライス）
塩…少々
小麦粉…¼カップ
片栗粉…大さじ1
水、揚げ油…適量

作り方

①
コーン缶は汁気を切って、ゴーヤーと軽く混ぜ合わせます。

②
①に塩と小麦粉、片栗粉を加えて混ぜます。粉っぽいようなら、水を少しだけ足します。

③
180℃の油でからっと揚げればできあがり。衣はすこし少ないかな、と思うくらいのほうがうまくいきます。崩れやすいので、お玉やスプーンを使って油に入れるのがこつ。かき揚げの鉄則は、油に入れたら片面が固まるまでは触らないこと！

材料（4人分）

↓

さつまいも…2本（2cmの角切り）

玉ねぎ…1個（みじん切り）

にんにく…1かけ（みじん切り）

油…大さじ1

塩、こしょう…少々

A｜小麦粉…1カップ

　｜片栗粉…⅓カップ

水、パン粉、揚げ油…適量

作り方

❶

フライパンに油とにんにくを入れて中火にかけ、香りがたってきたら玉ねぎを加え、うすいきつね色になるまで炒めます。

❷

さつまいもをやわらかくなるまでゆでておきます。

❸

熱いうちにさつまいもをつぶし、①を加えて塩、こしょうで味をつけます。

❹

③を小判形にととのえ、混ぜたAの粉を軽くまぶします。

❺

残ったAの粉に、やわらかいヨーグルトくらいのかたさになるまで水を加えます。そこに④をくぐらせ、パン粉をつけて180～200℃の油でこんがり揚げます。低温で揚げると中身が出てきてしまうので、高温でさっと揚げるのがこつ。

さつまいものコロッケ

コロッケは、多少お行儀が悪い食べ方をしても許される庶民的なおかず。新聞紙でわしわし包んだコロッケをほおばりながら、大の大人たちがキャンプ場をうろうろしている姿は、なんだかのどかで笑えます。

CHAPTER :5

「豆」の魔法で、ココロの時間をゆっくりにする。

「畑の肉」なんていわれて
肉のサブキャラみたいにされがちですけど、
実は、ばっちり主役を張れる実力の持ち主。
消化は早いし、ボリュームのわりにくどくないし。
豆のほんとうのおいしさは、乾燥の豆を
自分でゆでてみるとよくわかります。
ほくほくしてて、じんわりと甘い。
でも、キャンプなんかで、いきなり豆から
煮ていると時間がかかってしょうがないので、
日々の家ごはんの一品としてゆでましょう。
大豆やひよこ豆は、軽く洗って
たっぷりの水に漬けること、ひと晩。

豆によってゆで方は変わります。大豆、ひよこ豆、黒豆、金時豆は、上に書いたような“のんびり派”の豆。対して、レンズ豆や青打豆、イエロースプリットは“せっかち派”。さっと洗って3倍の水に10～20分漬け、料理にそのまま入れて煮込めばOKです。

そのまま水を替えずに、鍋を火にかけます。
沸騰したらアクをすくいつつ、
ゆで汁が少なくなってきたら差し水をして
弱火でことこと、しずかにしずかに。
豆が躍らないように、お湯の中で
つねに沈んでいる状態をキープすること。
豆が指でつぶれるくらいやわらかくなったら
そのまま常温で冷ましてください。
冷めたら小分けにして、冷凍庫で保存しましょう。
鍋の中の豆を眺めていると、
穏やかな気持ちになってしまうから、
私たちはこれを「豆の魔法」と呼んでいます。T.

おなかいっぱい食べた翌朝、すっきりカラダが軽くなります

チリコンカンは、牛ひき肉を入れるのがふつうですが、これは豆と野菜だけで作るベジタリアン・チリです。練りゴマがコク出しにひと役かっていて、主役の豆は、煮崩れしにくいキドニービーンズ。水煮缶を使えば、外でもささっと作れます。

　時間があるなら、乾燥豆からゆでると楽しい。豆はさっと洗って、ひと晩たっぷりの水に漬けます。翌日そのまま火にかけ、沸騰したら鍋ごと流しに置いて、流水を注いでゆでこぼします。新しく水を入れて、また火にかけ、ふたをして豆が踊らない程度の火加減で、ことこと。

　トマトと一緒にしっかり煮込んで、タバスコとクミンパウダーをうんと効かせたらできあがり。健康的な材料しか入っていないのに、おなかいっぱい食べたい人も大満足のパンチある味に。夏の昼間に、ビールと一緒が似合う一品です。

チリコンカンの、陰の立役者は、クミン。これがあるとないとでは、味の深みが違います。

ベジ豆チリコンカン

材料（4人分）
↓
玉ねぎ…1個（みじん切り）
にんじん、セロリ…各1本（みじん切り）
にんにく…1かけ（みじん切り）
トマト缶…1缶
キドニービーンズ（水煮）…2カップ
オリーブオイル…大さじ2
タバスコ…小さじ1
塩、練りゴマ…各大さじ1
こしょう、クミンパウダー…適量

作り方

❶
鍋ににんにくとオリーブオイルを入れて火にかけ、香りがたってきたら玉ねぎ、にんじん、セロリを加えて中火で炒めます。

❷
玉ねぎがすきとおってきたら、トマト缶とキドニービーンズを加え、ふたをして弱火でことことと煮込みます。

❸
トマトの甘みが出てきたら、塩、こしょう、クミンパウダー、練りゴマを入れよく混ぜ、ふたを取ってさらに5分ほど煮込みます。

❹
最後にタバスコを加え、火を止めます。

豆乳クリームペンネ

くさみの少ない豆乳のソースは、一度食べるとやみつきになります。にんにく、玉ねぎ、ホタテから出る旨味に豆乳を加えた濃厚なクリームソース。外ごはんのときは、冷めてものびにくいペンネがおすすめ。

材料（4人分）

↓

ペンネ…400g
にんにく…1かけ（みじん切り）
玉ねぎ…½個（みじん切り）
ホタテの貝柱…200g
小麦粉、オリーブオイル…各大さじ2
豆乳…3カップ
塩、こしょう、万能ねぎ…少々

作り方

❶
フライパンにオリーブオイルとにんにくを入れて火にかけます。香りがたってきたら、ホタテを入れて、両面に軽く焼き色がつくまで弱火で焼き、取り出しておきます。

❷
①のフライパンに玉ねぎを加え、しんなりするまで炒めます。小麦粉をさらさらとふり入れ、粉っぽくならないようにしっかりと混ぜながら炒めます。

❸
②に豆乳をだまにならないように少しずつ加えてのばし、①のホタテを戻したら、塩、こしょうで味をととのえます。

❹
塩を加えたたっぷりのお湯を沸かし、ペンネをゆで、③のソースによくからめます。もったりするようだったらゆで汁を少し加えてください。仕上げに万能ねぎを散らしてできあがり。

大豆のミートソース風パスタ

トマトとケチャップをベースにした、大豆ごろごろ“ミートソース”。隠し味に、味噌としょうゆが入っています。お母さんが作るような懐かしくてやさしい味。トマト風味の大豆のおいしさにびっくりします。

材料（4人分）

↓

パスタ…400g
大豆の水煮…2カップ
玉ねぎ…1個（みじん切り）
にんにく…1かけ（みじん切り）
にんじん、セロリ…各1本（みじん切り）
トマト缶（カットトマト）…2缶
オリーブオイル…大さじ2

A
- 鷹の爪…1本（種を取る）
- 甜菜糖…大さじ1
- しょうゆ…大さじ1
- 味噌…大さじ1
- ソース…¼カップ
- トマトケチャップ…¼カップ
- 塩…小さじ1
- こしょう…少々

作り方

❶
フライパンにオリーブオイルとにんにくを入れて火にかけ、香りがたってきたら玉ねぎを加えて炒めます。

❷
しんなりしてきたら、にんじんとセロリも加え、玉ねぎの色がほんのりきつね色になるまでじっくりと炒めましょう。

❸
②に大豆とトマト缶を加え、沸騰したらアクを取って、Aの材料を加えます。煮汁が少なくなるまで中火で20分ほどぐつぐつと煮込み、火を止めます。

❹
塩を加えたたっぷりのお湯を沸かし、パスタをゆでます。皿に盛り、③のソースをかければできあがり。

豆乳クラムチャウダー

10月の始め。4時間車を走らせて、新潟県・津南《つなん》のキャンプ場に到着。おなかぺこぺこで急いで作って食べたのがこれ。煮込まなくてもおいしいから、急ぐときの味方です。

材料（2～3人分）
↓
あさり…100g（缶詰でもよい）
玉ねぎ…½個（みじん切り）
にんにく…1かけ（みじん切り）
じゃがいも…1個（1cm角）
にんじん…½本（1cm角）
小麦粉…大さじ1
豆乳…2カップ
水…1カップ
塩、こしょう…適量
オリーブオイル…大さじ1

作り方

❶

あさりは塩水につけて砂抜きします。

❷

鍋にオリーブオイルとにんにくを入れて火にかけ、香りがたってきたら玉ねぎを加えてしんなりするまで炒めます。

❸

②にじゃがいも、にんじんを加えて弱火で炒め、やわらかくなってきたら小麦粉をふり入れ、よく炒めます。

❹

水を少しずつ加えてのばし、あさりを入れ、ふたをして軽く煮込みます。焦げやすいのでこまめにかき混ぜること！

❺

じゃがいもとにんじんがやわらかくなったら豆乳を加えて、塩、こしょうで味をととのえます。豆乳は沸騰すると分離するので、沸騰直前に火を止めてください。

↓

豆腐ハンバーグの作り方

❶

まず、ハンバーグを作ります。フライパンに油とにんにくを入れて火にかけ、香りがたってきたら玉ねぎを加え、きつね色になるまで中火で炒めます。

❷

ボウルに豆腐を入れ、手で軽く崩したら、①の玉ねぎとたけのこ、パン粉、片栗粉を加えてよくこねます。塩、こしょうをふって、食べやすい大きさにわけて丸めます。

❸

油(分量外)をひいて熱したフライパンに②を置き、ふたをして弱めの中火で両面焦げ目がつくまで焼きます。

❹

次にきのこあんかけを作ります。③のフライパンにゴマ油をひき、しんなりするまで、きのこ類を炒めます。水を加え、沸騰したら火を弱め、甜菜糖としょうゆで味をととのえます。最後に水溶き片栗粉でとろみをつけます。③のハンバーグの上に、きのこのソースをかけてできあがり。

↘

焼きなすと厚揚げのサラダ

なすやきのこなど、秋の旬野菜をたっぷり使った、ある日のプチ外ごはん風景。場所は山戸さんちのお庭です。「夏の疲れをとらなきゃね」とさっぱりめですが、豆腐や厚揚げ入りでボリュームも実はかなりあり。

材料(2人分)

↓

なす…2本

厚揚げ…½丁

万能ねぎ…2本(小口切り)

<たれの材料>

豆板醤…小さじ1

ゴマ油…小さじ1

甜菜糖…少々

しょうゆ…小さじ½

作り方

❶

たれの材料をよく混ぜておきます。

❷

なすはフォークを使って全体に穴をあけ、魚焼きグリルで、表面が黒く、身がやわらかくなるまで焼きます。冷めたら皮をむき、食べやすい大きさに切ります。

❸

厚揚げは表面がパリッとして少し焦げ目がつくまでグリルで焼きます。食べやすい大きさに切ります。

❹

②のなすと③の厚揚げにたれをからめ、万能ねぎを散らせばできあがり。

たけのこ入り豆腐ハンバーグ
きのこのあんかけ

きのこが胃をきれいにしてくれそうな健康的ハンバーグ。肉のかわりに豆腐をつぶして入れています。おからを入れても美味。

材料（2人分）
↓
木綿豆腐…½丁（水切りする）
玉ねぎ…½個（みじん切り）
たけのこの水煮…⅛個（みじん切り）
にんにく…1かけ（みじん切り）
パン粉…¼カップ
片栗粉…大さじ1
塩、こしょう…少々
油…小さじ1

＜きのこあんかけ＞
しめじ…½パック（小房にわける）
エリンギ…½パック（スライス）
しいたけ…2個（スライス）
ゴマ油…小さじ1
水…½カップ
甜菜糖…小さじ½
しょうゆ…小さじ1
水溶き片栗粉…適量

CHAPTER :6

「乾物」で、太陽の力をいただきます。

乾物こそ、〝クィーン・オブ・外ごはん食材〟の
称号にふさわしいのではないか、と思います。
切り干し大根、ひじき、干ししいたけ、
海藻、高野豆腐、麸、乾麺。
「かさばらない、軽い、くさらない。
アウトドアにこんないいものないよ!」
と、乾物ニストの山戸さんは、いつも、
まるで自分の手柄であるように自慢します。
地味な色で、しわしわ、かさかさの見てくれなのに
ものすごくうまみのあるだしが取れて
しかも栄養いっぱい。
ああ、食材も女も外観じゃないんだわ。
こういう生き方を、これからはめざすんだわ。
鍋の中の乾物に
ささやかな勇気と人生の指針を見いだして、
誕生日を３日後に迎える午後。T.

沖縄ジューシー風
ひじきの炊き込みごはん

材料(5～6人分)

↓

米…3合

水…3合(540㎖)

さつま揚げ…2枚(細切り)

にんじん…½本(せん切り)

乾燥ひじき…½カップ(水で戻す)

A | 甜菜糖…大さじ2
　| 酒…大さじ2
　| しょうゆ…大さじ4
　| ゴマ油…大さじ2

作り方

❶
米は洗っていったん水気を切り、同量の水に30分ほど漬けておきます。

❷
①の上にさつま揚げ、にんじん、ひじきをのせ(混ぜなくてよい)、Aの調味料も加えます。

❸
ふたをして中火にかけ、蒸気が上がったら弱火に。約10分炊きます。

❹
火を止めて、10分蒸らしてできあがり。

具だくさんの炊き込みは旅を思い出すスイッチ

高橋も山戸さんも、沖縄の石垣島にシーカヤックをしに出かけてからというもの、沖縄熱が冷めなくなってしまいました。現地で食べた料理を再現してみては、海底にいる魚まで見通せた真っ青で透明な海や、朝5時にはじりじり暑くて寝ていられず、海に飛び込んだ砂浜でのキャンプに思いをはせています。

この炊き込みごはんは、ジューシーという沖縄の炊き込みごはんがモデルです。本来、豚肉や昆布を入れるのだけど、そこは自分好みに、ひじきをメインの具材にしてアレンジ。

暑い場所では、濃いめのごはんがおいしく感じます。いつものうす味とは違うけれど、あの夏を思い出す記憶のスイッチなのです。

切り干し大根のピリ辛サラダ

切り干し大根の甘みとコチュジャンの辛さがビールや焼酎のアテにぴったりのサラダ。ふつうの切り干し大根より太めの「割り干し大根」だと“ばりっぼりっ”とした漬け物に近い食感に。ささっとできて美味です。

材料(2人分)

↓

切干大根…1袋(50g)
にんじん…½本(せん切り)
きゅうり…½本(せん切り)
A　コチュジャン…大さじ1
　　ゴマ油…大さじ1
　　しょうゆ…大さじ½
　　白ゴマ…少々

作り方

❶

切り干し大根は10分くらい水に漬けて戻し、水気を切っておきます。

❷

Aの材料を混ぜます。

❸

ボウルに①、②を入れて、よく混ぜ合わせればできあがり。

なかなか深いよ お麩ってやつは

　山戸さんの料理には、よく麩が登場します。「車麩のから揚げ」、肉じゃがならぬ「お麩じゃが」、そして「仙台麩のどんぶり」。仙台麩は、あぶら麩ともいわれ、地元では卵とじにしてどんぶりにするそうです（三重県出身の高橋は、仙台麩を見て、カルチャーショックを受けました）。

　そのままだと、ぱさぱさに乾いたフランスパンみたいな手触り。味も素っ気もありません。でも、ひとたびだしを吸い込んだら、ひと口噛むごとにじゅわっ、じゅわっとあふれてきて、まるでカツ丼を食べているみたい。肉好きの人だって嫌いなはずない！　聞けば、全国津々浦々いろんな種類の麩があるそう。麩の新たな力を見せつけられました。

写真上／フランスパンではありません！　これが、仙台麩です。お味噌汁や鍋、肉じゃが、おでんに入れてもおいしいですよ。

仙台麩のどんぶり

材料（2人分）
↓
炊いたごはん…1合分
仙台麩（油麩）…1本（1cmくらいの輪切り）
玉ねぎ…1個（スライス）
三つ葉…1束（ざく切り）
卵…2個（割ってほぐす）
和のスープ（P.100）…1カップ
甜菜糖…大さじ1
酒…大さじ1
しょうゆ…大さじ2

作り方

❶
仙台麩は水で戻しておきます。

❷
鍋にだしと玉ねぎを入れて火にかけます。

❸
沸騰したら少し火を弱め、玉ねぎがやわらかくなるまで煮て、甜菜糖、酒、しょうゆで味をつけます。ごはんにのせるので、少し濃いめの味つけのほうがおいしいです。

❹
①の仙台麩は水を絞ってから鍋に入れて、だしをよくしみ込ませます。

❺
④に溶き卵を回し入れ、上から三つ葉をのせて、ふたをして蒸らします。ちょうどいいかたさになったら火を止めて、どんぶりによそったごはんの上にのせてできあがり。

タイ風焼きそば

メインのおかずにも、お酒の締めにもなる麺類は、私たちの定番メニューです。野外フェス会場でパクチーを競い合ってトッピングしたこともありました。そのシーンをもわっとした熱気とともに思い出す、永遠の夏の味。

材料（2人分）
↓
タイビーフン…200g
厚揚げ…½個（適当な大きさに切る）
もやし…½袋
万能ねぎ…2本（3cmに切る）
干しえび…大さじ2
ピーナッツ…適量
油…大さじ2
A | ナンプラー…大さじ1
甜菜糖…大さじ1
スイートチリ…大さじ2
しょうゆ…大さじ½
パクチー…適量

作り方

①
タイビーフンは10分くらい水に漬けて戻しておきます。

②
フライパンに油と干しえびを入れて火にかけ、えびの色が赤くなってきたら、もやしと厚揚げを加えて炒めます。

③
水気を切った①のビーフンを加えて炒め合わせます。Aの調味料で味をつけ、万能ねぎとピーナッツを加えてさっと炒めればできあがり。お好みでパクチーをトッピングしてください。

フォー

鶏肉とねぎからいいだしが出て、簡単なのにものすごく本格的な味のフォー。小さなお椀に「これでもか！」というくらいたっぷり盛って、アジアの道ばたの食堂のように大ざっぱにかっこむのが楽しい一品。

材料（4人分）
↓
フォー…4玉
鶏もも肉…200g（大きめに切る）
ねぎの青い部分…2本分
にんにく…1かけ
しょうが…1かけ
塩…小さじ1
甜菜糖…小さじ1
ナンプラー…小さじ1
水…800㎖
パクチー…適量
もやし…1袋

作り方

❶
大きめの鍋に鶏もも肉、ねぎ・にんにく・しょうがを丸ごと水を入れて火にかけ、沸騰したら、アクを取りながら弱火で10分間ゆでてスープをとります。

❷
①の具を取り出し、塩、甜菜糖、ナンプラーでスープの味をととのえます。鶏もも肉は食べやすい大きさに切ります。ねぎ、にんにく、しょうがは捨てます。

❸
別の鍋にお湯を沸かし、1分ほどもやしをゆでて、ざるに上げておきます。そのあとで、同じお湯を使ってフォーをゆで、ざるにあけ、水気を切ります。

❹
器にフォーをよそい、②のスープをかけ、鶏もも肉とパクチーをのせればできあがり。

山旅に持っていく乾物を太陽の力で作ってみよう

しめじにまいたけ、エリンギ、しいたけ、好きなきのこを大きなざるに並べて1～2日。太陽に干すだけで、あっという間に小さくなってしまいます。きのこはほとんどが水分だから、傷みやすい。その水分を飛ばしてあげると、旨味が凝縮されて、日持ちするようになり、いいことずくめなんです。秋晴れの日に、ぜひ、ひなたぼっこしながら、きのこや野菜を干してみてください。太陽のパワーを感じることができます。

自分で作る干しきのこ

材料（作りやすい分量）
↓
しめじ、まいたけ、エリンギなど
お好みのきのこ…各1パック

作り方

❶
しめじ、まいたけは、石づきを取って小房にわけ、エリンギは薄くスライスします。

❷
ざるに新聞紙を敷き、①のきのこを重ならないように並べ、天日で1～2日間干します。よいお天気の日を選びましょう。夜は室内に入れておきます。水分がほとんどなくなるくらいまで乾燥させればできあがり。キッチンペーパーに包み、密閉容器に入れて、冷蔵または冷凍で保存します。

干しきのことごぼうの煮もの

材料(2人分)
↓
干ししいたけ…2個（水で戻す）
干しきのこ…½カップ（水で戻す）
（しいたけときのこの戻し汁はとっておく）
ごぼう…2本（3cmのぶつ切り）
水…適量
A　甜菜糖…小さじ1
　酒…小さじ1
　しょうゆ…大さじ1

作り方

❶
鍋にごぼう、干しきのこ、適当な大きさに切った干ししいたけ、戻し汁を入れ、ひたひたになるまで水を加えます。

❷
中火にかけ、沸騰したら少し火を弱め、Aの調味料で味をつけます。ごぼうがやわらかくなるまで煮ます。

1セット価格 5,800円
2セット価格 10,000円
完全予約制
不動前
【事業主体】株式会社 JALUXライフデザイン

CHAPTER :7

外でことこと「スープ」がおいしい。

私（山戸）が子供のころ、
母は毎日かつおぶしを削り器で削って
晩ごはんのしたくをする人でした。
インスタントのだしの存在を知ったのは、
ひとり暮らしをはじめた21歳のとき。
その衝撃は忘れることができません。
おいしくなかったんじゃない？
よくそう聞かれるけれど、いやいやいや、
こんなに簡単でおいしくて便利な物が
あるなんて！ と大感動。
でもしばらくすると、なんだか少し
違和感を持ちはじめました。
誰が作っても、全部同じ味がする。
定食屋の大根のお味噌汁も、
コンビニで買ったインスタント味噌汁も、
自分で作った味噌汁も、同じような味。
なにより久しぶりに実家に帰って食べた
母の味噌汁があんまりにもおいしかった。
家庭それぞれのだしの味は、自分の味の
ルーツなんだなぁ、と改めて感じたのでした。
だから、「おいしいごはんのコツは？」
と聞かれたら、迷わずこう答えます。
「ちゃんとだしをとること！」Y.

鶏ガラスープ （作り方はP.99）

精肉店などで1羽まるごと200円前後で買える鶏ガラ。2時間ほどかかりますが、黄金のスープがとれたときは感動です！

〝きちんとだし〟は体と心をきれいにする

だしがしっかりとれていると、少しの調味料で、満足のいく味になります。逆にだしが薄いと、どんどん味が濃くなってしまうことが多い。だから私（山戸）は、冷蔵庫に保存瓶入りのだしを常備しています。本物の味を覚えてしまうと、インスタントに戻ることができなくなります。

外ごはんのときも、自然の中だからこそ、心も体もきれいにすがすがしくすごしたい。きのこなど、だしが出る食材を使うのもよいと思います。食べたあとに自分の体の調子がよくなるような、そんなごはんを家でも外でも作りつづけていきたいと強く強く思う今日このごろです。

奄美名物 鶏飯《けいはん》

材料(4人分)

↓

鶏ガラスープ…お好みで
炊いたごはん…お好みで

＜具＞
ほぐした鶏肉…適量
（スープで手羽元を使った場合は省略）
干ししいたけ…4～5個
水…2カップ
甜菜糖、酒…各小さじ1
しょうゆ…小さじ2
にんじん…1本（せん切り）
ゴーヤー…½本（薄切りにして塩もみする）
卵…2個
塩…ひとつまみ
紅しょうが（または奈良漬けなどの漬物）、
万能ねぎ……それぞれ適量

作り方

❶
干ししいたけを小鍋に入れ、水で戻します。ふっくらと戻ったら、にんじんを加えて火にかけます。沸騰したら、甜菜糖、酒、しょうゆで味をつけ、中火で煮汁が少なくなるまで煮込みます。冷めたら、しいたけをせん切りにします。

❷
卵をボウルに割り入れて、よくほぐし、塩を加えます。油(分量外)をひいたフライパンで薄焼き卵を作り、冷ましてから細切りにし、錦糸卵にします。

❸
お椀にごはんを盛り、鶏肉、しいたけ、卵、紅しょうが、ねぎ、ゴーヤーをのせます。熱々の鶏ガラスープをかければできあがり。

ことこと煮込む鶏ガラスープ

材料

↓

鶏ガラ…1羽分（骨付きの手羽元で
代用するときは500gくらい）
ねぎの青い部分…2～3本分
しょうが…¼パック
塩、酒…大さじ2
しょうゆ…大さじ1
水…2ℓ

作り方

❶
鶏ガラはよく洗い、ねぎ、しょうが、水と一緒に大きめの鍋に入れ、火にかけます。沸騰したら、こまめにアクを取り、ふたをして弱火で2時間煮込みます。

❷
塩、酒、しょうゆで味をととのえて、ざるでこします。ガラについている鶏肉の身はていねいに取り、ほぐして鶏飯の具に。

30分でとれる、ささっと和・洋・中スープ

　鶏ガラスープは2時間くらいかかりますが、もっと毎日のごはん向きの、簡単にだしをとる方法もあります。それは〝材料を鍋に入れて30分煮出す〟というシンプルな方法。和風、洋風、中華風と、どれも手間いらず。家で作り置きしておいて、ペットボトルや瓶に入れ、凍らせて外ごはんに持っていくと便利です。

　さて、この3種類のだし。どれも少し味つけすれば、このままスープとしておいしく飲めるくらい、いいお味。この溶け出した旨味をいかして、別の料理へ応用するのです。

　面倒だからといって、だし作りを省いてしまうのは、ちょっともったいない。ごはん作りのウォーミングアップみたいなもので、これからの段取りを考えながら、「ちょっと濃いめにとりたいから、今日はかつおぶしも入れてみようか」なんて、考える時間が楽しいのですから。

和のささっとスープ

瓶に熱湯を注ぐだけでとれる和のだし。しいたけと昆布のさっぱり味です。こってり料理が並ぶことが多い外ごはんでは、バランスをとるために必須。家のごはんでも登場回数が多いので、多めに作っておきます。

材料
↓
お湯…1.5ℓ
干ししいたけ…2個
昆布…15㎝

作り方
❶ 耐熱瓶（または鍋）に干ししいたけと昆布を入れて、上から熱湯を注ぎます。昆布が開いて、しいたけがやわらかくなればできあがり。常温に冷ましてから冷蔵保存します。

中華のささっとスープ

中華料理の材料コーナーで見かける干し貝柱や干しえびなどの乾物を煮出したスープ。旨味がぎゅっと凝縮されています。におい消しにしょうがとねぎを入れ、一緒に煮るだけで30分ほどで本格的なだしが取れます。

材料
↓
水…1.5ℓ
干し貝柱…5個
しょうが…大きめを1かけ
ねぎの青い部分…2本分

作り方
❶ 鍋に干し貝柱と水を入れて、ひと晩かけて戻します。
❷ 鍋に①としょうが、ねぎを入れて火にかけます。沸騰したら火を弱め、ふたをして15分ほど煮ます。

洋のささっとスープ

キャベツ、にんじんなど、余った野菜を煮込む洋のだし。このだしに、塩、こしょうをするだけでスープになります。カレー粉を入れてスープカレーにしても、とてもおいしい。野菜だけなのに、かなりの風味。

材料
↓
水…1ℓ
玉ねぎ…1個（薄切りにする）
キャベツ…¼個（ざく切りにする）
にんじん…½本（1㎝角に切る）
しめじ…½パック（小房にわける）
塩…ひとつまみ

作り方
❶ 鍋に全部の材料を入れて火にかけます。沸騰したら、火を弱めてふたをして、具がやわらかくなるまで20～30分煮込みます。

このスープをもとに……
←

和 そばだんご汁 10分でできる

← ささっとスープをもとに、こんな料理を作ります！

外ごはんスープの育て方

最後の一滴まで飲み干したい、笑顔にんまり珠玉のスープ。お米が旨味をぜんぶ吸って炊き上がったリゾット。素材が加わるほどに、どんどんおいしくなっていきます。なんてすばらしいんだ、スープって！

材料（4人分）↓
和のスープ…1.5ℓ
だいこん…3㎝（いちょう切り）
にんじん…1本（いちょう切り）
ごぼう…1本（ささがき）
しめじ…½パック（小房にわける）
三つ葉…1束（ざく切り）
ねぎ…1本（斜め薄切り）
味噌…大さじ2

<だんごの材料>
そば粉…½カップ
小麦粉…大さじ4
水…大さじ4
塩…少々

作り方
❶ 鍋にスープ、大根、にんじん、ごぼうを入れて火にかけ、沸騰したら火を弱めてふたをして煮ます。そのあいだにだんごの材料をボウルに入れてよく混ぜておきます。
❷ ①の根菜がやわらかくなったら、しめじを入れ、2本のスプーンを使ってだんごを丸めて汁の中に落とし入れます。だんごに火が通るまでそのまま煮ます。
❸ 火が通ったら、味噌を溶いて入れ、仕上げに三つ葉とねぎを散らしてできあがり。

中 チンゲンサイと干し貝柱の中華風スープ

5分でできる

材料（4人分）↓
中華のスープ…1ℓ
チンゲンサイ…1個（縦に4等分）
鷹の爪…1本（半分に切る）
塩…小さじ¼
酒…大さじ1
しょうゆ…ひとたらし

作り方
❶ 鍋に中華のスープを入れて火にかけ、沸騰したらチンゲンサイを入れます。
❷ チンゲンサイに火が通ったら塩、酒、しょうゆで味をととのえ、仕上げに鷹の爪を散らせばできあがり。

洋 ドライトマトとカリフラワーの洋風リゾット

20分でできる

材料（4人分）↓
洋のスープ…4カップ
米…2合（洗わない）
オリーブオイル…大さじ1
ドライトマト…2個（ぬるま湯で戻す）
カリフラワー…½個（小房にわける）
塩、こしょう…少々

作り方
❶ 鍋にオリーブオイルを熱し、米を炒めます。米がすきとおってきたら、洋のスープを3カップ入れて軽くかき混ぜます。最初は強火で。
❷ 沸騰したら火を中火に弱めて、ときどきかき混ぜながら煮ます。あまり混ぜすぎると粘りが出てしまうので注意！
❸ 水分が少なくなってきたら、残りのスープ1カップと、小さめに切ったドライトマトとカリフラワーを加えて、水分が少なくなるまで、さらに煮ます。
❹ カリフラワーがやわらかくなって米がアルデンテになったら、塩、こしょうで味をととのえてできあがり。

オニオングラタンスープ

じっくり炒めた玉ねぎとにんにく、きのこの風味。隠し味には、赤ワイン。本当だったら、チーズをオーブンで溶かしてグラタン状でいただくものだけど、外でもおいしく飲めるように粉チーズで代用しました。

材料(2～3人分)
↓
玉ねぎ…1個
にんにく…1かけ
まいたけ…½パック
干ししいたけ…1個
オリーブオイル、赤ワイン…各大さじ1
塩…小さじ½
こしょう…少々
粉チーズ…小さじ1
水…2カップ
仙台麩(またはクルトン)…適量

作り方

❶
干ししいたけはひたひたのぬるま湯で戻して、スライスしておきます。

❷
鍋にオリーブオイルを入れて、スライスしたにんにくと玉ねぎをきつね色になるまで炒めます。

❸
小房に分けたまいたけを加え、しんなりしてきたら赤ワイン、粉チーズ、塩、こしょうを加え、よく混ぜます。

❹
水を加えて沸騰したら、干ししいたけを戻し汁ごと入れて3～4分煮ればできあがり。お好みで仙台麩やクルトンをのせます。

干し野菜のクリームシチュー

キャンプの朝ごはんや、山登りのときにうれしい「自家製インスタントスープのタネ」。家で準備したパウダー状のタネを、ラップに包んでリュックに忍ばせて。山の頂上で飲むと、干し野菜の旨味に生き返ります。

材料(2～3人分)
↓
玉ねぎ…1個
にんにく…1かけ
オリーブオイル、小麦粉…各大さじ1
豆乳パウダー(またはスキムミルク)
…½ カップ
塩…小さじ1/2
こしょう…少々
干し野菜(ごぼう・にんじん・きのこ・
ほうれん草など)…1カップ分

作り方

❶
家でスープのタネを作ります。鍋にオリーブオイルを入れ、みじん切りにしたにんにくと玉ねぎをしんなりするまで炒めます。

❷
小麦粉をふりかけ、だまにならないようによく炒めたら、豆乳パウダーを加えてよく混ぜ、塩、こしょうを加えてサラサラになるまで弱火でよく炒めます。これがタネ。

❸
外ごはんの場所に到着したら、干し野菜をひたひたのぬるま湯で戻します。鍋に少量の水とタネを入れて、だまにならないようにのばし、さらに水2 カップを少しずつ加えていきます。

❹
沸騰したら干し野菜を戻し汁ごと加えます。弱火で3～4分ほど煮込めばできあがり。

焚き火について

静かに燃える火を仲間とぼんやり眺める。この時間のために、キャンプに行くようなものです。「子供は水で遊び、大人は火で遊ぶ」と誰かがぽつり。なるほど、私もようやく大人になったのかな。

コーヒーについて

コーヒー豆を持って山に行きます。豆からごりごり挽いて、お湯を沸かしてドリップします。荷物は少し重くなるけど、挽きたて淹れたてのコーヒーがくれる安堵感には代えられません。Y.

おわりに

「キャンプが好き」と言うと「キャンプに行って何してるの?」と聞かれることがたまにあるけれど、醍醐味は外ごはん。そして基本的には何もしない贅沢な時間を楽しむこと。家で仕込んできた〝鶏肉とれんこんの味噌漬け〟をジュージュー炭火で焼いて、サニーレタスで巻いて食べたり、〝シチューのタネ〟に、豆やきのこをたくさん入れて豆乳でのばして、あたためるだけの簡単ごはんを作ったり。でも、外で食べると、どうしてあんなにおいしく感じるのでしょう。おままごとが大好きだった私にとって、キャンプですごす時間そのものが大人のおままごとのようで、どこかホッとできて、そして自分の心の中に空気がぷーっと入っていくような充電の時間のようにも思うのです。みんなで食べる外ごはん。これが私にとっての元気の源なのかもしれません。(山戸ユカ)

Y.

テントに寝袋、マット。ごはんに水、コッヘル。少しの着替え。そして、カメラとフィルム。山の荷物はとても重い。そして、実はこんなときのごはんはとても質素なもの。す

ばやくできる一品だけのメニュー。でも「山で食べるごはんっておいしいですよね」って言われたら、力強く「はい！」と答えられる。ごはんからのぼる湯気、匂い。太陽に照らされてごはんが光る。そんなすべてのものも一緒に飲み込んで、空気ごと、光ごとばくばくと食べる。それでおなかいっぱい、おいしかったって。「外ごはん」って、五感ぜんぶを使って食べること、食べることは五感を使うものだって気づかせてくれるもの。太陽も風も、雨、霧、草の匂い、ぜんぶ丸飲み、おなかいっぱい。（野川かさね）

N.

1年以上かかったこの本作り。いろんな外ごはんがありました。仕事もプライベートでもさんざんだったときの秋キャンプ。ラーメンを別の鍋でゆがかないで、そのままスープの鍋に入れたら、ものすごくどろどろに。あまりのまずさに、逆にみんながげらげら笑いはじめて、なんだか救われたことを思い出しました。まずくても楽しければ、OKなんですね。気長につきあってくれて、最高のデザインに仕上げてくれた葉田いづみさん。手伝って応援してくれた友人たちと家族。この本を作ることで、つながった人や場所に。ありがとうございました。（高橋 紡）

T.